やどかりブックレット・障害者からのメッセージ・9

グループホーム 豊かな暮らし
第2版

やどかりブックレット編集委員会 編

辰村　泰治　　吉江まさみ
菅原　進　　須藤　守夫　著

発刊にあたって

　1997（平成9）年4月にやどかり情報館（精神障害者福祉工場）が開設し，私たちは1997年から「－精神障害者からのメッセージ－私たちの人生って何？」というタイトルで体験発表会を行っている．これは，昨年度はやどかり研修センターの事業の一環として，今年度からはやどかり出版文化事業部の事業として行っているものである．
　やどかり情報館は精神障害者が労働者として働く場であると同時に，障害をもった私たちが私たちならではの情報発信の基地としての役割を果たしていくことを目指して開設された．
　早いものでこの原稿を書いている時までに11回の体験発表会を開催し，今は12回，13回の体験発表会の企画を立てている．
　この会が始まったきっかけは，精神障害者自らがその体験や思いを語ることで，精神障害者に対する誤解や偏見を

改め，正しい理解を求めたいということだった．そして，「私たちにだって人生はあるんだ，生きているんだ，私たちの人生とは何だろう？」という問いかけを自らに，そして周りの人たちに投げかけ一緒に考えていきたい，そんな思いを込めていた．また，やどかりの里では日本の各地からの要請で自らの体験を語るために講師として出向く仲間が増え，単に体験を語るだけでなく，お互いに学び合いながら講師としての力をつけていくための場が必要であると考えたのである．

　こうして第1回，第2回と体験発表会を進めていくうちに体験発表会に対する考え方に少し変化が生じてきた．精神障害者からのメッセージということで，精神障害者ということを非常に意識し，理解を求めようと動いてきたが，「人生とは？」という投げかけは，障害のあるなしに関わらず全ての人に共通した課題ではないかといった思いである．障害の種別を越えて，共感できたり，共通の課題を見出し，共に考えていくことも大切なのではないかと考えるようになった．そのためには他の障害を持った方々にもその体験を発表してもらい，交流がはかれたらという思いが強くなっている．

　そこで改めて，体験発表会という形で一般の方々に集まって聞いてもらい全体で討論することで，参加してくれた方々が改めて自分の人生について考えるきっかけになるように，そんな気持ちを込めて企画運営している．

　当初体験発表会は，講師としての力をつけたい，同じや

どかりの里の仲間に聞いてもらいたい，といったやどかりの里の内部に向けての企画であった．そして第1回の体験発表会について埼玉新聞が取り上げてくれたことがきっかけとなりやどかりの里関係者以外の参加者が足を運んでくれるようになった．また，情報館のある染谷の地の人々に私たちの活動について知ってもらいたいとの思いをこめ，情報館のみんなで体験発表会の案内を染谷地区の各戸に配って歩いた．何回か継続するうちに少しずつではあるがその効果が表れ，案内を見て寄ってみたという近所の方々の参加がみられるようになってきている．

　また，この体験発表会には，精神障害を体験した人々が，自分たちと同じ経験をしてほしくないという思いが込められている．病院生活の辛い経験を味わってほしくないし，社会に出てからもそんな苦しい思いをしてほしくない．体験発表会で語ることで，少しでも，現状が良くなっていったらという願いがこもっている．

　今回のブックレットの発刊は，この4月からやどかり研修センターがやどかり情報館の活動からはずれ，やどかり出版に文化事業部の活動が新たに位置づいたことに端を発し，さらに昨年1年間の実績で私たちが語り合ってきた「障害を持ちつつ生きる」という体験が多くの方々に共感を得ているという手ごたえを感じていることから夢を育んできたことが実を結んだものである．第1回から第4回までの体験発表会はやどかり出版の発行する「響き合う街で」6号に掲載されているが，できれば自分たちで企画する本

づくりを進めていきたいという思いがふくらんでいったのだ．やどかり出版の編集者との2人3脚で，ブックレットづくりの夢が現実のものとなっていった．やどかり情報館で開催する体験発表会に参加できる方はどうしても限られてしまう．でももっと多くの人々にこの思いを届けたい．

　地域で孤立して生きている人たちや，まだ病院に入院している人，はじめて病気を体験し，とまどっている人，病気や障害があっても地域の中で，その人なりに暮らしていきたいと思っている人々，そんな人の手にもこの本が届いていくことを願っているのである．

　このやどかりブックレットに私たちの思いを込めて，全国の仲間に届けたい．

1998年9月

やどかりブックレット編集委員会

目 次

発刊にあたって ……………………………………… 3

はじめに ……………………………………………… 10

第2版はじめに ……………………………………… 12

やどかりの里のグループホーム　　辰村　泰治 …… 14

障害者自立支援法施行後のやどかりの里のグループホーム
　　　　　　　　　　　　　　　　辰村　泰治 …… 25

やどかりの里の仲間と助け合って生きてきた6年
　　　　　　　　　　　　　　　　吉江まさみ …… 29
　　姉とのあつれきがきっかけで ………………… 30
　　谷中先生とのつき合いは30年になる ………… 30
　　住みやすい便利な生活環境 …………………… 31
　　不安や寂しさは時間が解決してくれる ……… 33
　　8部屋あるアパートの3室を借りて
　　　　グループホームに ………………………… 34
　　生活する中で必要最低限のルールができてきた … 35

リーダー会議が仲間の輪を広げる …………… 36
　　グループホームを出て真の自立を …………… 38

連帯的自立の精神で助け合う　　菅原　進 …… 39
　　おんぼろでも私にとっては宮殿 ……………… 40
　　妻とのグループホームでの暮らし …………… 40
　　地域の自治会に入って ………………………… 43
　　近隣の人たちとのざっくばらんなつき合い ………… 46
　　お互いに助け，助けられ ……………………… 48
　　新しいアパートもやっぱり宮殿 ……………… 50
　　21世紀は障害者にとっていい文化の世紀に ………… 52

　　　菅原さんがグループホームで暮らし始めるまで　42

自由であることが基本　　　　須藤　守夫 …… 53
　　　　　　　　　　　　　司会　香野　英勇
　　見学時に仲間が話しかけてくれた …………… 55
　　やどかりの里の職員だといってアパートに ………… 56
　　自分の心の偏見が自分を頑なに ……………… 57
　　グループホームの会話には未来がある ……… 59
　　くり返し体験することで自信がつく ………… 60
　　自由があることこそ病院と社会との決定的な違い …… 61
　　恐いやくざがかわいい女子学生に …………… 63
　　自立する自信がついて援護寮を出た ………… 64
　　仲間づくりの基礎を学んだ …………………… 65

納得するまで話し合う ……………………………… 66
　　みんなで朝食を食べ合う ……………………………… 67
　　できるだけ自分たちで支え合う ……………………… 68

質疑応答 ………………………………………………… 70
　　生活費は障害年金プラス生活保護で ………………… 71
　　連帯的自立の精神でルールづくり …………………… 73
　　大宮でグループホームに入るには …………………… 74
　　結婚してからは1度も入院していない ……………… 75
　　ほんとうに今いちばん輝いて見える ………………… 78
　　自分の中にあった偏見を克服したら ………………… 79
　　普通に生活していれば何とかなる …………………… 81
　　不動産屋とやどかりの里，やどかりの里と
　　　メンバーの信頼関係 ………………………………… 82
　　老朽化したらやどかりの里が何とかしてくれる … 83
　　ひとりぼっちをなくそう，ともに生きよう ………… 85

おわりに ………………………………………………… 87

はじめに

　ブックレット編集委員の1人としてこのブックレットの制作にかかわる最中に，ある出来事がありました．
　私は，浦和にあるアパートで暮らしています．ある夜，下の部屋の住人だと名乗る女性の方が，物音がうるさい，と言いに来ました．その方は神経症を患っており，小さな音でも目が覚めてしまう，と凄い剣幕でした．
　正直なところ，大きな音を立てた覚えもなく，夜型の生活でもありません．かってに神経質になっているだけで，怒られる筋合いなどない，とかなりむっとしました．
　でも，菅原さんが原稿の中で，「妻が歌いながら掃除していて怒られて，手土産を持って謝りに行きました」と語っていたのを思い出して，私も謝ることにしました．悪気がなくても迷惑をかけている時もある，と思ったからです．
　後日，手土産を持ってあいさつに行くと，「こちらこそ言い過ぎてしまって」と言われ，最初に受けた印象よりも

ずっと感じのいい応えが返ってきました．そして，そのことが元で，会えば立ち話をするようになりました．「行ってらっしゃい」「今日はいい天気ですね」など，言葉を交わした後はなんとも言えない豊かな気分になります．

　それまで私にとってアパートは，朝出かけて，夜寝に帰る場所でした．隣の住人の顔さえ知らなくても何の不自由も感じていなかったのです．もし，菅原さんの原稿を読んでいなかったら，喧嘩になって，気まずい関係になっていたでしょう．このブックレットを制作する中で，近所付き合いの醍醐味を感じたのでした．

　このブックレットは，やどかりの里のグループホームで暮らす3人の方が，それぞれの暮らしについて語ったものです．どなたも本当に豊かに生き生きと暮らしています．精神病を持つ，持たないにかかわらず，地域にはさまざまな立場や価値観を持った方が暮らしています．そして，どんな価値観を持っていても豊かに暮らす権利があるのです．ちょっとした気の使い方で，お互いの暮らしが気まずいものにも豊かなものにもなります．

　自分の暮らしを豊かにするために，自分の周りの人を含めて，地域そのものが豊かになるように……，そんな思いでこのブックレットを読んでいただけたら幸いです．

2002年8月
　　　やどかりブックレット編集委員　　長谷川　健一

第2版はじめに

　本書の第1版は2002（平成14）年10月に発行以来ご好評をいただき，増刷の準備を進めていたところ，悪評高き障害者自立支援法の施行により，やどかりの里のグループホームもいろいろな影響を受けざるを得なくなりました．そこで，やどかりの里において，現在グループホームはどのような形態を保ち，どのように運営され，どのようなことが入居者にふりかかっているかを紹介するために，第1版で「やどかりの里のグループホーム」を取材し，執筆した「やどかりブックレット編集委員」の辰村泰治に再度取材・執筆を依頼し，ホットな原稿が編集部に届きました．内容はぜひ本文をお読みください．

　そうでなくても，困窮を来たしている障害のある人たちに，さらに負担を強いる障害者自立支援法の改善を求めて，皆さんの力を結集していく一助になれば幸いです．

なお，現在グループホームを利用されている方々の日常生活そのものはほとんど変わりがないので，その部分はそのまま残すことにしました．

2007年8月

やどかりブックレット編集委員会

やどかりの里の
グループホーム

辰村　泰治

（やどかりブックレット編集委員）

精神病院を退院する障害者や家族から独立することを希望する人にとってまずいちばんたいへんなのは住まいを確保することです．アパートを探して貸してもらうことはそんなに容易なことではありません．障害者とわかっていて部屋を紹介してくれる不動産業者も貸してくれる家主もなかなかいないのです．
　そこで，やどかりの里では，一般のアパートのうち空いている4，5世帯を「社団法人やどかりの里」がまとめて借り上げて，希望する人に貸しています．つまり，やどかりの里はアパートの空いている複数の部屋をまとめて借りて，そのうちの1部屋ずつをメンバー1人1人に貸すというかたちの契約をしているのです．
　一般にグループホームという言葉は，「元気な高齢者が少人数の気の合う仲間と老後をいっしょに暮らす家」というような意味で使われることが多いのですが，やどかりの里でのグループホームはこれとはやや違います．
　やどかりの里のグループホームは精神障害者地域生活援助事業として位置づけられています．
　やどかりの里のグループホームは今から10年前に始まり，当時のことを知っている職員の話では，始めは一軒家を借りて共同生活を始めようとしましたが，特に女性メンバーたちが自分たちのプライバシーの守れる生活を希望したため，各人のアパートの部屋の独立性を確保する必要があったのです．
　それでアパートは共同生活をするのではなく，世帯はそ

れぞれ独立しています．世話人がグループホームに常駐しているのではなく，支援が必要な時には，最寄りの生活支援センターに職員がいて，必要に応じて関わっています．

現在のさいたま市に点在するやどかりの里のグループホームは全部で12か所です．

どれもいわゆる賃貸のアパートで6畳間か6畳1間と4畳半の和室，キッチン，トイレと浴室がついている，完全に各世帯独立した住居です．

各世帯独立した住いではありますが，各メンバーが隣同士であったり，同じ建物の1階と2階というようになっています．

やどかりの里のグループホームの住人の最も大きな精神的特徴は，自然な仲間意識に基づく相互援助と，お互いに仲間のプライバシーには干渉しないという，一見矛盾するように見えるこの2つがうまく併存していることと言えるようです．

次に，どのようにしてやどかりの里のグループホームが生まれたかを記していきましょう．

「共に担った危険な賭け―泣いて笑った5年間―」（やどかり出版）の記録や，やどかりの里の職員の話によれば，やどかりの里のグループホームの始まりは今から12年前，1990（平成2）年にさかのぼります．これは補助金がつく前のことです．

1990（平成2）年11月に，12年半の入院生活の後に，当時すでに出来上がっていたやどかりの里の社会復帰施設

〔1989（平成元）年完成〕の援護療に須藤守夫さんが試験宿泊を始められた時に始まります．病院からやどかりの里への移行期間の後，アパート探しを始めました．

　アパート探しは病院のケースワーカーとやどかりの里の児玉照彰さんという職員がいっしょに 3 か所回った末に見つけてくれたそうです．

　アパートを借りるための手続きではやどかりの里の理事長が保証人になって，やどかりの里の職員という形で行われました．

　ただその際，須藤さん自身の話によれば，

　「俺がぼーっとした感じでちょっとおかしかったから，薄々は不動産屋も何かおかしいなと感じたみたいですね」

だったそうです．

　それでもアパートを借りることができました．

　そして，そのアパートにメンバーが 1 人 2 人と移ってくるにつれて，いちばん古い須藤さんがグループホームのリーダーになったというのが事実のようです．

　さらに話は続きます．

　「谷中先生（当時やどかりの里理事長）から俺のいるアパートを全部借りきろうという話があったのだけれど，俺は『全部借りちゃうとメンバーばっかりの交流になってしまう，一般の人がいて始めて地域の人と交流ができるんだから』と言いました．メンバーばっかりの交流じゃなくて，地域の人との交流もあったほうがいいんじゃないかと思いますね」

そして，世話好きな須藤さんはグループホームのリーダーとして兄貴分みたいな存在になり，頼まれて生活支援センターの仕事の手伝い，引っ越しの手伝い，買い物にいっしょに行くなど，新しいメンバーのために働き出しました．また，自分の体験談を講演しに日本各地を回られる新たな仕事にもつかれたのでした．
　このようにしてやどかりの里のグループホームは始まったのですが，1992（平成4）年度に2か所（東新井・天沼），1993（平成5）年度には与野に1か所，そのほかに3か所を加え，全部で6か所になり，1994（平成6）年度に新たに3か所，与野に2か所（北与野・木崎），1995（平成7）年度には天沼第2・上木崎とグループホームは増えていき，2001（平成13）年現在には全部で12か所となっています．（うち2か所は補助金対象外）

　次にやどかりの里のグループホームに関わってきた2人のスタッフにインタビューをして，職員から見たやどかりの里のグループホームについて語ってもらいました．
　まずやどかりの里に在職7年，現在最も緊密にグループホームに関わっている1人と思われる職員・大宮東部生活支援センターの鈴木恵さんに，次のような質問をしたところ，率直な答えを得ることができました．

　問　グループホームに関わってこられて，今まで最も印象深かったことはどんなことですか．

答　すごく状態が悪くなって寝込んだメンバーを，他のメンバーが部屋でつきっきりで看てくれたことを知らされた時はほんとうに感動しました．

　問　グループホームに関して最も困ったことはどういうことですか．

　答　アパートの水道が故障して水が流れっぱなしになり，なかなか修理できなかったことです．もう1つは，グループホームのアパートのある，一般住人とのトラブルに巻き込まれたことです．

　問　グループホームに関わってきて，今まで最もうれしかったことは何ですか．

　答　グループホームに入ったがなかなかそこの生活に慣れなくて，病気を再発し入院してしまったあるメンバーが，退院してふたたび元のグループホームに入り，今ではそこの生活に慣れて元気に生活していることです．ほんとうにうれしく思っています．

　それから，アパートの住人からの不満や文句を言われたメンバーがいたのですが，不動産屋さんが間に入ってくれて，代わりの物件を探すのに協力してくれたこともうれしく思いました．また，弁当の宅配中にさりげなく声をかけてくれたメンバーがいたり，お茶を出してくれたメンバーの心遣いもうれしかったです．

　問　グループホームのリーダーに望むことは何ですか．

　答　いつも自分のことだけでなく，他の人のことも考えてくれて感謝しています．

問　グループホームのことで心配なこととか気がかりなことはありますか.
　答　今はよいが，老齢化に伴い病気で倒れてしまってもすぐにはわからない，といった心配も出てくるのではないでしょうか．いろいろたいへんだろうとは思います．

　次に，やどかりの里に在職10年以上の職員・大宮東部生活支援センターチーフ三石麻友美さんにもインタビューをお願いしたところ，次のような回答を得ることができました.

　問　家賃とか電気料金等の滞納は今までありましたか．
　答　ありません．少し遅くなるくらいはありますが，その場合は連絡してくれるので助かります．
　問　グループホームの火災はありましたか．ボヤ程度でも……．
　答　全然ありません．
　問　メンバーがグループホームからいなくなったとか，長期不在したことはありましたか．
　答　1人ありましたがまもなく見つかりました．
　問　騒音の苦情は．
　答　ありますが当事者間で話し合い，治まっているようです．
　問　病気になって死亡したことはありましたか．
　答　今思い出すのは3人です．そのうち2人は男性で，

1人は60歳代のメンバーで入院中に亡くなりました．もう1人の男性は30歳代のメンバーで，この人は飛び降り自殺でした．残る女性1人は入院中に亡くなりました．

問　家主さんから入居契約を拒否されたことはありますか．

答　当初何回かありましたが，このごろはありません．

問　契約の際の保証人はどんな人が多いですか．

答　家族が多いですね．家族が保証人になるのがいちばん良いようです．

問　喧嘩はありましたか．

答　時々あるようですが，当事者同士で解決したり，メンバーが転居したりして落ち着いています．

問　何らかの特別な理由で，グループホームを出て行った人はいますか．

答　単身の生活をしたくて出て行く人もいます．

問　契約更新の条件は家賃の値上げですか．

答　値上げもありますが，逆に家主さんによっては，建物が古いからとか，親切から，家賃を据えおいて値上げしない人もいます．メンバーと親子のように親しくなって，逆に値下げしてくれる家主さんもいて，いろいろです．

問　さいたま市に実家があってもグループホームに入居しているメンバーはいますか．

答　多くはないけれどいます．

問　入居前の下見はしますか．

答　します．

問　現在いちばん高い家賃といちばん安い家賃はいくらですか．

　答　いちばん高いのは5万円で，いちばん安いのは2万8千円です．平均して4万円くらいです．

　問　グループホームのリーダーはどのようにして決めるのですか．

　答　自選，他選いろいろです．

　問　グループホームの環境はどうですか．

　答　比較的良いほうだと思います．

　問　1人暮らしで寂しいというメンバーはいますか．もしいたらどう対応していますか．

　答　います．そういう人はやどかりの里の電話相談を利用されたり，生活支援センターや憩いの家を利用したり，同じグループホームの仲間とつき合っています．

　問　グループホームに住んでいてお金を使い過ぎたりして困っている人はいませんか．

　答　若干いますが，そんな場合は家族に助けてもらったり，また，やどかりの里では，メンバーから希望があればお金を無利子で貸しつけますので，それを利用したりしているようです．

　問　グループホームの部屋にはエアコンがついていますか．

　答　まだ少ないです．

　以上思いつくままに質問して得た回答を書きましたが，

グループホームのリーダーが集まって，担当のスタッフとともに毎月1回リーダー会議も行われており，情報の交換やグループホームのいろいろな問題の検討も行われているようです．

　今年，筆者の住んでいるグループホームの属している大宮東部生活支援センターで，その全グループホームの入居者にこのごろの生活ぶりの感想を求めたところ，次のような文章が寄せられてきました．

　お許しを得て，その一部を紹介します．

　その1　長い間入居している人が多く，お互いの支え合いを通して安定した暮らしを続けている．アパートに暮らしているメンバーが時々交流を深めに自分の部屋に来る．みんな集まって楽しい一時である．

　その2　やどかりの里に来てもうすぐ5年になる．職員やメンバーの皆さんの暖かい心に励まされて今日まできた．これからもここで自分の生き方をマイペースでやっていきたい．

　その3　日用品がなくて困った時など，互いに貸し借りをして助かっている．また，買い物にいっしょに行ったりする．日常的に交流して支え合って生活している．

　その4　夜になって仲間の部屋に明かりが点いているのを見ると「飯，食べたかな，風呂，入ったかな」と思いほっとする．時々差し入れを持って他のメンバーの部屋を訪ねる．そして情報交換をする．「まごころ」（やどかりの里

にはこの「まごころ」と，「エンジュ」の2つの食事サービスセンターがある）の弁当を取っていて，弁当のない日は自炊している．仲間が時々来て，コーヒーを飲みながら雑談をしている．リーダーが入居者の生活に気を配りつつ支え合い暮らしている．

　その5　風呂や洗濯機を貸し合うなど助け合いながら生活している．入居時に比べると人間関係もだんだん良くなってきており，お互い嫌なことはしないように心がけている．生活していくことでたいへんなこともあるが，良いこともある．やどかりの里に入って良かったと思う．

　今年に入ってからこれから1人暮らしを始めようとしている人，さいたま市の訪問介護をしようとしているヘルパーさんが部屋を見せてほしいとか，生活ぶりを見せてほしいとか言って来て，思わぬ訪問客を迎えたが，お互いに話し合ううちに自分の頭も整理できて楽しかった．

　以上，雑駁（ざっぱく）ですが，やどかりの里のグループホームについての情報を書き連ねました．
　情報の提供に快くご協力くださった「やどかりの里大宮東部生活支援センター」のスタッフおよびメンバーの皆様に心から感謝して終わりと致します．

障害者自立支援法施行後の
やどかりの里の
グループホーム

辰村　泰治
（やどかりブックレット編集委員）

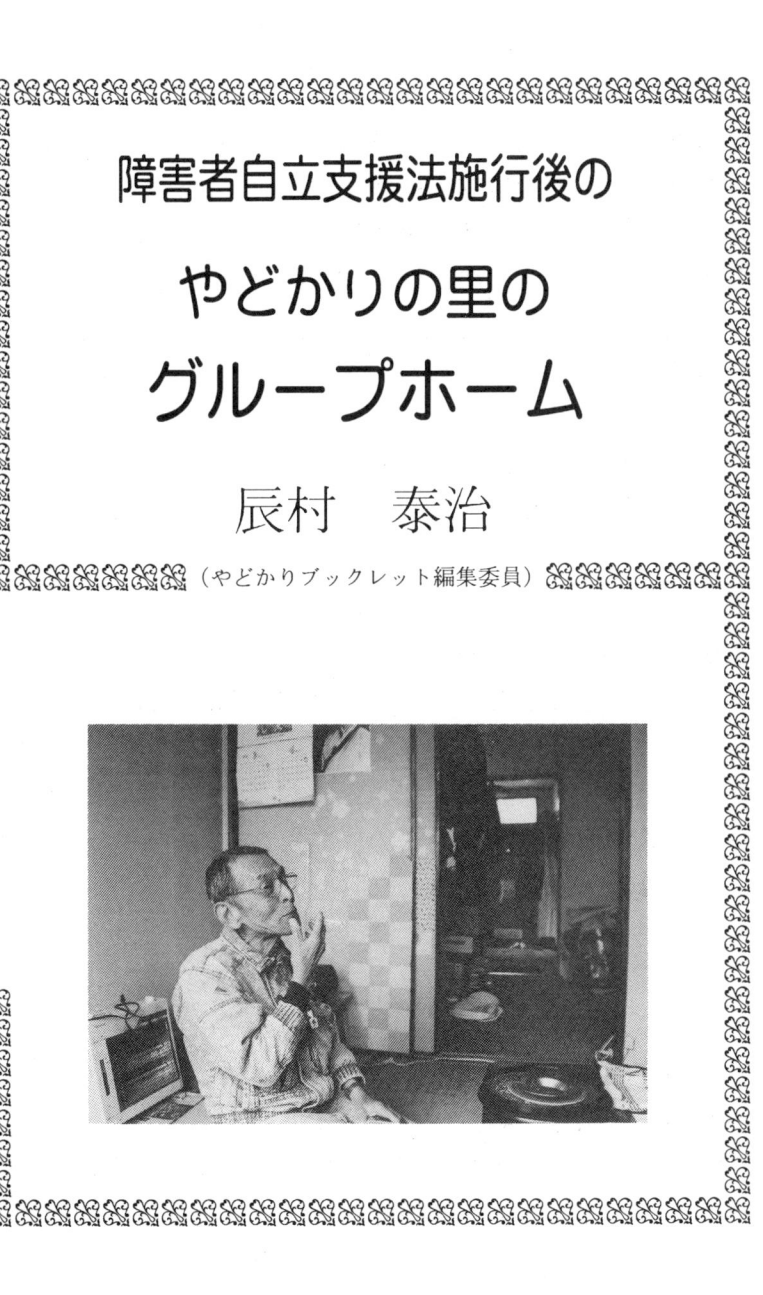

福祉財政を縮減するために新たな対応を迫られた厚生労働省は，小泉内閣による福祉切り捨て政策の方向に軌道修正を図り，障害者自立支援法案を国会に上程し，たいした審議もないままに2005（平成17）年10月31日に成立させてしまいました．この法律は応益負担という障害のある人にサービスを金で買わせる，また，障害の重い人ほど多くの経済的負担をせねばならないという弱い者いじめの悪法です．

　グループホームについても，今まで予想もしなかった変化の波が押し寄せて来ました．

　まず，これまでやどかりの里のグループホームでは，あるアパートに1人，近くの別のアパートに3人という具合に住んでいても，この4人で1つのグループホームとして認められてきました．しかし，今回の法律では，1つのアパートに1人しか障害者が住んでいる場合は，その人はグループホームの入居者と認められなくなりました．グループホームにするには，1つの住居に2人以上が住んでいないといけないということになったのです．

　また，グループホームに住んでいる障害者は，世話人がいるからヘルパーはいらないだろうということで，ヘルパーの利用ができなくなりました．やどかりの里の場合には，やどかりの里がヘルパーの利用料を支払って，これまでのヘルパーの派遣を維持しています．

　2006（平成18）年3月17日には，やどかりの里の会館2階のホールで，さいたま市障害福祉課と見沼区・浦和区・

大宮区支援課職員により，新しいグループホーム制度の説明会が開かれました．

　それによれば，今回の変更点は，まず今まで家賃と共益費だけ負担していたグループホーム利用者に，新しく日払いで利用料がかかるようになり，障害者は原則としてその1割を負担せねばならなくなりました．

　そして，毎月その月にグループホームを利用した日数分だけグループホームの住人はハンコを押さねばならなくなり，それは今も続いております．

　利用料の額は人によって違います．これも新しく出た障害福祉サービス受給者証に記載されている負担上限額が，その人の収入によって違うからです．また，ケアホームになると障害が重いほど負担が重くなる仕組みになっています．

　契約の仕方も変わりました．今までとは違って，契約書と重要事項説明書の2通の書類が必要になりました．

　それだけでなく，障害程度区分認定調査という厄介な調査を受けねばならなくなりました．障害者の心身の状況を判定するため，106項目の質問に答え，コンピューターで判定されます．市町村はコンピューターによって一次判定を行い，医師の意見書が添付され，障害保健福祉をよく知る委員で構成された障害程度区分認定審査会による二次判定を受けることになります．

　これは障害者を障害程度区分でランクづけをする仕組みで，障害程度区分2以上となるとケアホーム（共同生活介

護），障害程度区分1や非該当という結果が出るとグループホーム（共同生活援助）というように振り分けられ，その結果によって「応益負担」も違ってくるのです．

　やどかりの里のグループホーム利用者は現在38人ですが，利用料を自己負担している人は5人で，個別減免はありますが，減免のない人で1か月5,000円から7,000円ぐらいの利用料を，毎月の家賃の他に負担しているそうです．

　生活保護を受けている人は負担しなくてもよいのですが，生活保護を受けている人も利用した日（住んでいた日）の分だけハンコを押す，サービス・実績記録表などの書類が増えました．グループホームに住んでいる人の負担だけでなく，職員の事務量がすごく増えたことは想像に難くありません．

　また，グループホームの利用者は，長期入院経験者が多く，高齢化による身体の機能の変化が見られるようになりました．やどかりの里のグループホームでは，昨年度は精神科への入院はなかったそうですが，内臓疾患や転倒によるものと合わせて3人の入院者があり，脳梗塞による死亡の方が1人ありました．

　身体的な健康を保ちつつ安定した暮らしを続けるための配慮も必要となり，職員の仕事の増加は事務量だけではないことが推察されます．

やどかりの里の仲間と助け合って生きてきた6年

吉江まさみ

(元，天沼第2グループホームリーダー)

こんにちは．私はこれで体験発表は2回目で，私も少しはどきどきしてるんですが，あまりあがらない質なんです．

姉とのあつれきがきっかけで

私は，入院する前から実家にいて，家の中のことやいろいろなことは一通り自分でやれていました．
グループホームに入るきっかけというか，その理由は，姉とのあつれきが原因だったんです．その時私は40代の後半，というより50歳に手が届く時でした．実家は同じ大宮市（現さいたま市）にあるんですが，周りを見れば同級生は結婚し，子供が1人か2人いて，それもだいたい高校生，大学生だから，姉から見れば，50歳近くなっても家の中にいる妹は，体面が悪いというか，旦那さんの兄弟に対してもそんな思いがあったようで，私にも少し辛く当たりました．その時まだ両親がいましたので少しはカバーしてくれましたけど，自分の中にもちょっと引け目がありましたので，姉妹喧嘩をしたり，意志疎通ができなくなりまして，そろそろ私も家を出たいという気持ちが大きくなっていったんです．

谷中先生とのつき合いは30年になる

谷中先生（やどかりの里会長）が，大宮厚生病院でソーシャルワーカーをしていたころ，同じ病院に入院していま

した．そこで田口（現 柳．やどかり塾）さんから谷中先生のことややどかりの里のことを教えてもらいました．

　実際にやどかりの里を利用するようになったのはグループホームに入居することを決めてからですが，谷中先生のことは約30年前から知っていました．先生からは，何かあったら相談しなさいと言われていて，それまでにも1，2度，やどかりの里の法人会員になり，機関紙をもらったり，たまにやどかりの里に行って先生に相談にのってもらったことがありました．そこで，今回のことも先生に相談したところ，

　「こういうグループホームがあるから入ってみないか」と言われてやどかりの里に行きました．

　その時はまだ母も元気だったし，

　「一度家に帰って母に相談してみます」と言ってその日は帰りました．そして相談してグループホームに入ることにしたんです．

住みやすい便利な生活環境

　それで，谷中先生と三石さん（現やどかりの里大宮東部生活支援センター）とメイプルというアパートを見に行きました．その時は，1階と2階の2部屋が空いていて，それぞれ見たのですが，1階は家賃が多少安いけれど，あまり日当たりがよくなかったんですね．それと，2階にはベランダがついてたこともあって，2階に住むことに決めま

した．部屋は6畳1間です．最初は私1人でやっていけるかな，と不安があったのですが，中に入って部屋の構造を見ると，結構しっかりしているので少し安心しました．

契約したのは1995（平成7）年の2月14日でした．敷金，礼金1か月分の前家賃など16〜17万円を大家さんに払いました．その当時はまだ生活保護も受けていなかったし，自分の貯金や，母が「何かあったら」と言って私にくれたお金があったのでそこから払いました．

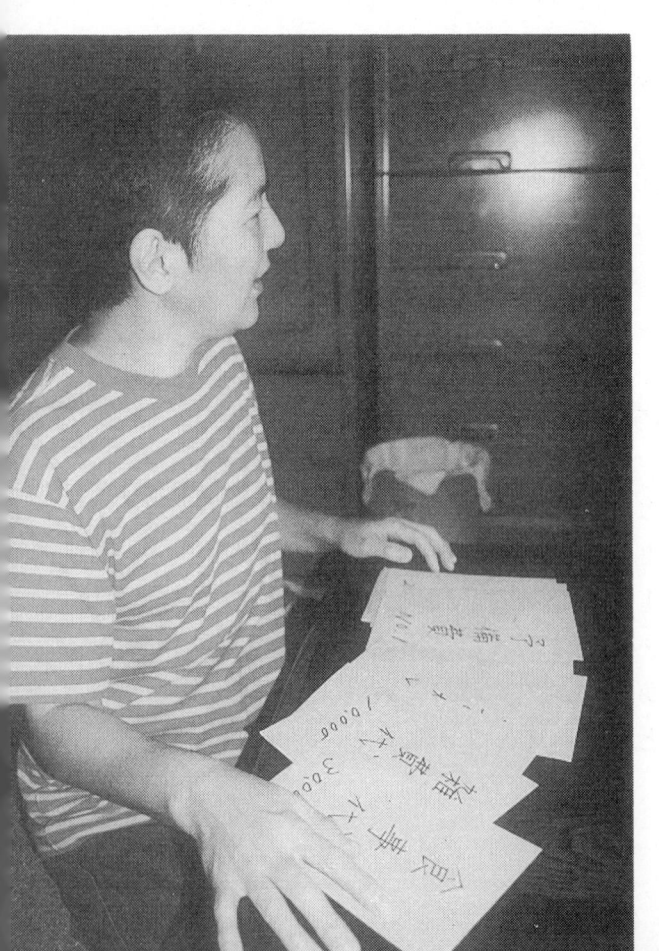

普通やどかりの里の援護寮を，3か月から半年間利用してからグループホームに入るという人が多いんですが，私はそこのところが他の人と違っていました．

実家にいた間に家事のこと，掃除，洗濯から，銀行，ガス，水道，お金の管理はほとんどできるようになっていました．料理もまあできました．

それに1人で生活

するということに寂しさはあんまり感じませんでした．私の住んでいるグループホームは最近できたさいたま新都心駅（JR京浜東北線）から歩いて15分ぐらいの所にあり，周りにはスーパーやファミリーレストランなどがいろいろありまして，意外と住みやすい所です．

不安や寂しさは時間が解決してくれる

　それでも最初は，1人でやっていけるかな，寂しくないかな，という思いはありました．今でも寂しくない，と言い切ってしまうと嘘になるけれど，寂しさは最初からそれほど感じませんでした．
　1人暮らしの不安は，たいていのことはそうなんですが，しばらく経てば慣れてしまうように，時間が解決してくれるものです．
　1人暮らしでできた自由な，たくさんの時間を，自分の趣味に当てたり，デパートに行ったり，お金を貯めてコンサートに行ったりしているうちに，あっという間に7年が経ったという感じです．
　具体的に1日の過ごし方をお話しますと，だいたいいつも7時半から8時ごろに起きています．その後，洗濯やら家の用事を済ませまて，だいたい12時半から1時半までがお昼の時間です．その後，近所のヨーカドーで2日分の食材をまとめ買いをします．だから，買い物に行くのは2日に1回ですね．食事は自分で作って食べます．寝るのはだ

いたい12時くらいです．

　また，午前中からのんびり過ごす日もあります．買い物のない日はサスペンスドラマの再放送を見たりします．お風呂が好きなのでお風呂はのんびり入ります．お金を貯めて，思い切ってBSを買ったので，BS放送を見たり，古本屋で文庫本を買ってきて読んだりもします．

　だいたいいつもそんな感じで1日を過ごしています．その他，月に1，2度は私の相方（恋人）がアパートに来て，10時ごろまでいっしょに過ごしたりすることもあります．

8部屋あるアパートの3室を借りてグループホームに

　アパートは2階建で8世帯入っています．そのうちの3戸をやどかりの里が借りて，女性3人のグループホームにしています．全国にはいろんなグループホームがあって，中にはアパート全体が精神障害者だという所もあるそうです．

　でも，やっぱりアパート全員が障害者だと，いろんな意味でまた問題が起きると思います．それで，やどかりの里では，1つのアパートに10部屋あれば5人ぐらい，8部屋なら4人ぐらいというようにアパートの半分ぐらいを借りてグループホームにしていますので，同じアパートには一般の人も入っています．

　アパート全体が精神障害者だと，開放病棟よりは上ぐらいの感じですけど，一般の人が入っているので，地域で暮

らしているなという実感がわきます．
　女性のグループホームなのでお互いに助け合って，わからないところは教え合ってきました．
　月1回お茶会をやったり，年に数回は食事会を近くの大宮中部生活支援センターでやったり，近くにルポーズという喫茶店（やどかりの里の共同作業所）があるので，そこでお茶会をやりました．今，卒業したということで，あまりやってないんですけど，何かあると私がリーダーなので，必要に応じて集まっています．

生活する中で必要最低限のルールができてきた

　アパート内でのもめごともあるけれど，もめごとを起こす人とは1歩引いて，あいさつ程度のつき合いにとどめるようにしています．でも，それが病気の症状なんだな，と思うので，それについてあまり意見はしません．それに生活する中で自然と知恵がついてきたりすることもありますしね．
　最初は，ルールは何もなかったんです．でも，始終私のアパートに遊びに来る人がいて，その応対で疲れてしまい入院してしまったことがあったんです．慣れないアパート生活での疲れもあったんだと思うんですけど……2か月半ほどの入院でした．
　そこで，退院してから，三石さんに相談をして，スタッフの方にも間に入ってもらうことにして，他のメンバーと

は1歩引いたつき合いをするようにしました．今はあいさつをする程度の関係です．お話をするのは年に数回ですね．

　そういった経緯があって，今は午前と夜8時以降は訪問をしない，電話の貸し借りも緊急の時しか応じない，というのが暗黙のルールになりました．うちのリーダーは何もしてくれない，なんて言われることもあるけれど，やっぱり自分の時間を大切にしたいという思いがあります．同じグループホームだから支え合う，とか，仲間だから支え合う，という発想だけではなく，お互いが自律していくことを考えていくことが大切なのかなと思います．

リーダー会議が仲間の輪を広げる

　また，各グループホームのリーダー会議が月1回第3水曜日に，やどかりの里の新館のホールで行われています．何回かやっていくうちに仲良しになると，仲間というつながりができまして，お互いにグループホームを訪問したり，遊びに行くようになります．先輩の須藤さんも，
「吉江さん今度1度遊びに来いよ」
と言ってくれたので，須藤さんのグループホームに伺い，おいしいコーヒーをご馳走になりました．そのお礼ということではないんですけど，須藤さんも，
「1度吉江さんのアパート見たいな」
と言われたので，千葉さんというメンバーといっしょに遊びに来ていただきました．その時には簡単ですけどインス

タントの五目ご飯とヒレかつ，酢の物とおしんこを出して接待しました．そういうところがグループホームのいいところだと思います．
　でも，やどかりの里のメンバーも高齢化を迎えつつあるんですね．そうすると，専門的なケアがないと生活を維持できなくなる人も出てきますよね．また，症状の重い人なんかもグループホームでは自分の生活が成り立たないけれども，ケアがあれば地域で生活できる人もいます．共同住居でケアをするスタッフがいるシステムなども，今後のグループホームには必要だと思います．

グループホームを出て真の自立を

　今，私はつき合っている男性がいます．彼は13歳年下で，いっしょの病院で知り合った仲なんですね．だから何でも話せる友達というか，パートナーという感じです．彼は矢沢永吉の大ファンなんで，少しやりくりをして，お金が貯まると矢沢のコンサートに行ったり，それから私の大好きな，将棋の谷川9段のお好み対決が渋谷の東急であるんで，それにも彼と行ったりしています．
　もうちょっとお金に余裕があると，おいしいものを食べに行きます．そういうことがあるせいか，私はアパートに6年いますけど，あまり寂しいとかということはなかったです．
　この6年間，独立して，自分なりに過ごして，今が一番輝いているなと自分でも思います．そして，これからはほんとうの意味の自立というか，グループホームから卒業して，自分なりに，1人の人間として生活していきたいというのが今の希望と夢です．できるかどうかわかりませんが，いつかその日が来ればいいと思っています．今日はほんとうに有難うございました．（2002年7月，吉江さんはグループホームから一般のアパートに移った）

運動部員本来の精神で助けよう

著 冠 運

(注)天照皇 1グループキーリーダー

おんぼろでも私にとっては宮殿

　私の住んでいるグループホームは1992（平成4）年にできたんですが，「清和荘」って名前はいいんですがね，私は「可哀荘」とかですね，「おんぼろ荘」とか，「こわれ荘」と呼んでいるほどで，ちょっと崩れかけているんです．

　そのアパートに妻と2人で住んでいるんですが，天井の板がとれてきて，未だにガムテープで貼ってあります．でも私にとっては宮殿なんです．私は，いちばん早くに入居したのでグループホームのリーダーになりました．

　グループホームに16年間入院された男性の方が暮らすようになった時，再入院しないようにお茶で乾杯し，誓い合ったものです．その時に誓い合ったメンバー4人はそれ以来，1992（平成4）年から再入院しておりません．もう10年が経ちます．

妻とのグループホームでの暮らし

　妻は作業所に通いながら，洗濯や食事づくりなどの家事もやってくれています．でも夕食の準備はちょっと荷が重いようで，やどかりの里の作業所「まごころ」（やどかりの里の作業所の1つで，夕食のお弁当を作っている．近くの生活支援センターの職員が，希望するメンバーにはこのお弁当を配達する）の宅配の夕食を利用しています．でも

「まごころ」の宅配がない時には作らなければならないし，家にいれば昼食も作ります．作業所に行かず家にいるのもたいへんだし，週に何日も出かけると疲れてしまうし，その辺のバランスが難しいですね．

妻は，グループホームで私たちが暮らし始めたころのことを，次のように語ったことがあります．

「結婚して初めてのお正月でした．こんなに幸せでいいのかなと思う日々でした．2人でビールを飲んで，膝枕してトラさんの映画を見て，幸せだと思いました．不安がなくなり，この人といっしょにやっていけると安心できるようになりました．その後，主人がぎっくり腰になったり，私が子宮内膜症になったり，そういうことも乗り越えて安心できるようになっていきました．

また，買い物にしても1人では買いに行けないと言うと，いっしょに行ってくれて，電気毛布を買ったこともあります．そんな時，ああうれしいなと思うこともあります．私が泣いている時なんか，黙って側にいてくれる．それだけで慰めになるんですね．また，私がしくしく泣いていると，だんだんおもしろいことを言い出して，冗談を言ったりするので，つい笑い出すこともありました」

妻は1人ではいられないんです．お互い末っ子同士で甘えん坊だと思っています．お互いにわがままを許し合えるんですね．最近は私のほうが甘えたくなるんですね．妻はいい子ぶりっ子で，人に見せない部分を私にポンポンぶつけてくるんです．10年いっしょに暮らしているわけですが，

いるとうるさいし，いないと変な感じなんですね．妻は世話焼きなんで，何でもやってくれるわけです．だから自分では何もやれなくなってしまって，生活力がなくなってしまったのではないかと思います．自分にとっては，母親のような存在に感じることもあります．

でも年のわりには幼いところもあるんです．性格も好きですね．音楽がお互いに好きだったり，趣味が共通しているんですね．演歌やさだまさしの歌をよく聞きます．まあ空気みたいな存在で，いるとうるさいけど，いないと寂しいんですね．

菅原さんがグループホームで暮らし始めるまで

菅原さんは1983（昭和58）年，やどかりの里のメンバーとなりました．やどかりの里にたどり着くまでの菅原さんの道程は，決して平坦なものではありませんでした．宮城県岩出町で1949（昭和24）年7人兄弟の末っ子として生まれました．中学を卒業後上京，上野高校の定時制に通いながら働き始めます．世の中は高度経済成長時代の真っ只中で，身体的にも，精神的にも厳しい職場を経験します．その中で，菅原さんは精神病を罹患します．1977（昭和52）

地域の自治会に入って

　以前は，隣に「秀香荘」という女性だけのグループホームがありました．そこに住むある女性から，朝の4時半ごろ私のところに電話がきまして，「お腹が空いたから，何か持って来てほしい」という訳です．それで，私の妻がパンとバナナを持って行ったことがあります．そうしたやり取りを見ていた同じグループホームの1番年の若い女性から，「親しき中にも礼儀ありだよね」と言われたことがあります．そういった発言が仲間内から上がったことがうれ

年のことでした．その後菅原さんは精神病院の入退院をくり返す中で，病院のケースワーカーからやどかりの里を紹介され，退院の足がかりとしてやどかりの里に通い始めます．人に迷惑をかけないで生きるようにという母の教え，税金を払うような人間になれという主治医の指示があって，菅原さんはやどかりの里に通い始めても，一般事業所で働き続けるのです．しかし，体調の変化もあり再入院します．その入院中の菅原さんを支えたのが，やどかりの里の爽風会（仲間づくりのためのグループ活動）で出会った和子さんでした．

しかったですね．それが上から押しつけられるんじゃなく
て，自発的に，積極的に，前向きに取り組んでいけたらい
いなと思っております．

　結婚したばかりのころ，和子がステレオのスピーカーに
マイクをつないで，「いい日旅立ち」を，朝の7時半ごろ
歌っていたら，戸をどんどんどんと叩かれました．

　「朝から何やってるの」
と隣の人が怒って苦情を言いに来られたんです．後で，グ
レープフルーツを持って謝りに行きました．実はこの隣の
人は，大家さんの妹さんだったんです．大家さんの妹さん
とは，その後長いつき合いになりました．

　　　やどかりの里の爽風会で出会った和子さんに一目ぼれし
たという菅原さんは，和子さんとのおつき合いを始めます．
互いの両親や兄弟にも温かく見守られながら，6年間のお
つき合いを経て，1992（平成4）年に結婚しました．

　和子さんは，ご両親との3人暮らしから，1990（平成2）
年にやどかりの里にできた援護寮を利用しながら，1人暮
らしに移行する準備をします．そして，菅原さんの暮らし
ていたアパートの隣に引っ越します．菅原さんの支えや家
族の支えを得ながら，1人暮らしを実現します．

　菅原さんは，やどかりの里がグループホームの活動を始

自治会に入るきっかけは，3～4年前ですか，もう亡くなられた大家さんからのお誘いでした．自治会に入るとゴミ当番をやらなくてはならないし，いろいろな人と会うことになるので，始めは少し考えました．でも，地域で暮らしていくには必要なことだと思いましたし，大家さんもそこのところを認めてくれたんだなあと思って，うれしかったですね．

「あなたのところは，夫婦者だから勧めるんだけれど」と言われたんです．古くからの入居者でも1人者の人には声がかからないのです．大家さんはやどかりの里のことにも理解があって，声をかけてくれたんだと思います．

める以前からグループホームになったアパートに暮らしていました．1990（平成2）年に開設された援護寮に長期入院をしていた人々が退院してきて，その人たちが暮らしていく場としてグループホームの開拓が始まったのです．そして，すでに暮らし始めている菅原さんのアパートに数人のメンバーが暮らし始め，グループホームができていったのです．

近隣の人たちとのざっくばらんなつき合い

アパートから歩いて2～3分の所に煙草屋があります。おじいちゃん、おばあちゃん、奥さんの3人でやっていたのですが、おばあちゃんが亡くなり、そのころから奥さんとよく話すようになりました。和子がドリームカンパニー（やどかりの里の作業所でリサイクルショップ）で働いているのを知って、
「ドリームカンパニーはどんな所なの」
と聞いてくれて、リサイクルショップと知ると洋服などを寄付してくれたりする人です。

また、一方でグループホームのメンバーの情報をよく知っている人でもありました。
「あの人最近見かけないけどどうしたの」
と言ってくれたり、6号室はよく人が変わるので、
「○○さんどうしてる」
と気にかけてくれました。また、グループホームのメンバーが時折おばさんに愚痴をこぼしに行っていました。第三者なので、みんなも言いやすかったのかもしれません。

奥さんからは、
「あなたのところはいつも2人でいいわね」
と言われたりします。奥さんはずいぶん苦労された方のようで、自分たちは幸せかなと思っています。

このアパートには、やどかりの里のメンバー以外の人た

ちも住んでいます．その中に，心臓の悪い男性がいます．
この人はどこが悪いのと聞かれて，「心の病」と答えたの
ですが，実は心臓が悪いのだそうです．私が自分の病気や
やどかりの里に通っていることを話しますと，
　「いいなあ，僕もそういう所があったらなあ」
と話してくれたことが印象に残っています．それを聞いた
アパートの隣の人，この人も健常者なのですが，
　「何だ，このアパートは病人ばかりか」
と言うんですね．もちろん冗談なのですが，そんなざっく
ばらんなつき合いがありました．その人は朝早くに起きて
仕事に行くのですが，僕たちの生活が少しうらやましかっ
たのかもしれませんね．

ある暑い日でしたが，その心臓の悪い人が水をかぶって
しまったのですね．部屋が水浸しになってしまって，大勢
の人が集まって来ました．その中で，
　「そんなことしていると，毛呂病院（埼玉県内に古くか
らある精神病院）に入れちゃう」
と言っているのが聞こえて，体を小さくしてアパートから
出かけたこともあります．

お互いに助け，助けられ

　やどかりの里のグループホームは1戸建じゃなくて，民
間のアパートを借りていく方針なんです．4，5人集まっ
て1つのグループホームができます．私の所は5名が暮ら
していました．
　3年前の1月3日に大雪が降りました．隣の建物より私
のほうのアパートがちょっと背が高いんです．それまで雪
は公平に降るんだと思ってましたけど，
　「雪かきやってよ，お宅の雪よ」
と言われて雪かきをやったことを覚えています．
　32年間長期入院された元銀行員の方が，通帳の記入の方
法がわからないというので，6，7回いっしょについて行
き，応援したらできるようになりました．この人は頑固で，
1度この道を行くと決めると，そのとおりに行かないとだ
めなんです．ちょっとあっちのほうが近いんじゃないの，
車は危なくないし，こっちを通ったほうがいいのにと思う

んですけど，その方の人生経験というか，たいへんな病気
が，長期入院が，彼女の人格をそういったものにしていっ
たかと思います．

　彼女の部屋には電話がなかったので，彼女宛ての電話を
取り次ぐことを5年間やったんです．病院に妹さんが入院
されていたようで，将来はいっしょに住みたいという夢が
あったようです．私は何もしてあげなかったんですが，彼
女が，
　「私はグループホームがあったから退院できたんだ」
って言ってくれたことがうれしかったです．
　36年間入院された加藤藏行さん（喫茶ルポーズ）は，電
気をいっせいに使ってブレーカーがとんじゃったので，
　「私の家だけになぜ電気を通さないか」
って東京電力へ抗議の電話をかけようとしてたんですね．
そこで，
　「藏さん，安全機っていう，レバーを上に上げれば元ど
おりにもどるよ」
ということと，
　「電源をいっせいに使っちゃだめだよ」
ということを2回言いましたら，あとは2度としなかった
ですね．
　このように，グループホームの仲間同士で助け合うんで
すが，私も逆に助けられたことがあるんです．
　藏さんはソーセージの料理方法が得意なんです．簡単で，
しかも栄養価が高いという料理法を教えてくれました．

私が夜眠れなくなって，外へ出てみると仲間の家に明か
りがついているのでどんどんとドアを叩くと，ていねいに
中に入れてくれて，ジュースをご馳走してくれました．男
性３人ぐらいで，３時か４時ごろまで話し合ったりしまし
た．そうするとそれぞれ自分の仕事に支障があるので，こ
れはだめだってことになったんです．そんなふうに試行錯
誤しながらも，グループホームを維持していました．

新しいアパートもやっぱり宮殿

実はこのアパートは，2003（平成15）年に取り壊しにな
ることが決まりました．私たちは契約更新の時期でもあっ
たので，取り壊しの前に転居を考えることにしました．引
越し先がなかなか決まらず，今のアパートを見つけるまで
に２年くらいかかってしまいました．転居するにあたって，
こんな所に住みたいという思いがありました．洗濯機が家
の中に置けること，お風呂があること，６畳２間と台所が
あること，大宮中部生活支援センターの近くであること，
そして家賃は６万円ほど，これが転居先の希望でした．

アパートを探していることをやどかりの里の仲間たちが
知っていて，自分の住んでいるアパートに引っ越してこい
とか，電話がじゃんじゃんかかってくるのです．結局そこ
には決まらなかったのですが，心配してくれたことがうれ
しかったですね．

そして，念願かなって，2001（平成13）年10月１日に引

越しすることになりました．４所帯あるアパートで，中年の女性の１人暮らしが２世帯，もう１人は男性の１人暮らしで，この方はとても腰の低い方でした．

　ここはグループホームではないのですが，「まごころ」のお弁当も食べられますし，職員も来てくれますので，２人きりという感じはありません．グループホームではなくなりましたが，つながりは感じられるので，寂しくはないですね．職員が電話を直してくれたり，気持ちよく手伝ってくれるので助かっています．

　和子はドリームカンパニーに行ってから，人との接し方がうまくなって，近所の人と朝ごみをいっしょに捨てに行ったりして，すぐに仲良くなります．皆さん静かで穏やかな人ばかりなので，とても安心して暮らしています．

　私の兄貴は，サラリーマンでりっぱな家を建てて暮らし

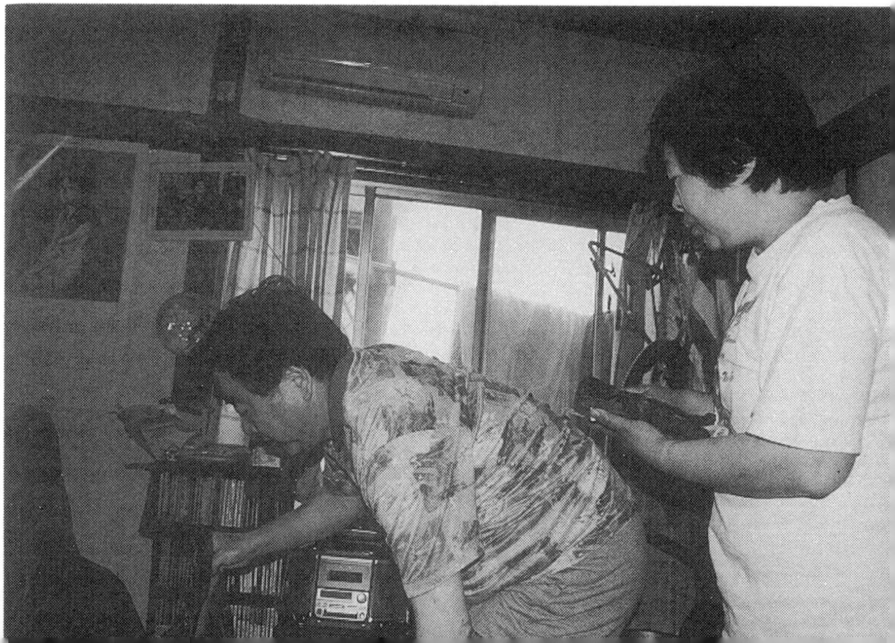

ていますが，その家がホワイトハウスとすると，私たちの
新しいアパートも宮殿であることはまちがいがありません．

21世紀は障害者にとっていい文化の世紀に

私は，連帯的自立っていう言葉を使っていますが，連帯
しながらお互いに，協調，協同しながら，プライバシーを
侵害しないで，かつ支え合う時は支え合っていくのがいち
ばんいいのではないかと思っているんです．

私は今51歳です．私の父も52歳で亡くなってまして，私
もあと何年生きるかわからないです．人間は生まれてくる
のも1人，死んでいくのも1人だし，財産も，名誉も，地
位も何も，あの世には持って行けません．だったら私は，
生きている証をつかむことが私の人生の目標だと思ってい
ます．

須藤さんも，もちろん司会をやっている香野さんもそう
なんですが，吉江さん，私，あともう10名ぐらいの講師派
遣メンバーが各地に講演に行って，体験談を話しまして，
地域の皆さんに少しでも，自分たちのことを知ってもらい，
社会の偏見とか差別とかをなくしていきたいと思っていま
す．

そうして，21世紀は，オール障害者にとって，やはりい
い文化の世紀であってほしいと私は思っております．21世
紀はぜひとも福祉の時代，弱者にやさしい街づくり，そう
いったものを目指してほしいなと思っております．

自由であることが基本

司会

須藤　守夫　　香野　英勇

（東新井グループホームリーダー）　　（やどかり出版文化事業部）

須藤　俺は東新井グループホームにいます．俺のグループホーム，東新井グループホームは長期入院を経験した人が多いです．グループホームには現在6人います．俺は長期入院をした後，援護寮に入ったんです．10年，20年と病院に長期に入っている人は，俺は特にそうなんだけど，閉鎖的な病院だったから，例えば，ガスの使い方がわからないとか，キャッシュカードの使い方ができないとか，あるいは，自動改札の乗り方がわからないとか……そういうのを生活障害，長期入院の弊害って言うんですけど，そんなできなかったことを援護寮でメンバーから教わりました．

　（珍しく緊張の度を高めた須藤さんは，一旦話を中止して，吉江さん，菅原さんの後で再開することになった．そして，司会者の申し入れを受けて，インタビュー形式で話すことになった）

　司会　須藤さん緊張は少しとれてきたと思うんですが……

　須藤　まだだいぶ緊張してますね．今日話せるかどうかわかんないけど……

　司会　よろしければかけ合いでいきましょうか．

　須藤　あ，そうですね，すいません．普通だと話せるんですけど，今日は満員に近い人がいて，かなり緊張しています．すいません，申し訳ない．

　司会　じゃあ，ちょっとこちらから話させてください．皆さんのお手元に配ってあるのはグループホームの資料なんですけれども，須藤さんはやどかりの里のグループホー

ムを作る時の最初の方だったんですね．退院してきて，援護寮を利用しながら，恐い地域の中に踏み出してみる，というふうにしたわけですね．

その前に病院での様子を教えていただけますか．

見学時に仲間が話しかけてくれた

須藤　俺が入院していたのはとても閉鎖的な病院でね，開放病棟でも家族とのつき合いがあって，家族のつき添いがないと外出できなかったんです．俺もそうだったんだけど，家族の理解があまりない人は外出するなんて，ほんとうにまれだったんです．

お金も配給制でね，1日に100円もらえるんです．それで，院内喫茶へ行ったりするわけです．アイスコーヒーが80円だったのを覚えています．

司会　閉鎖的な病院から退院するまでの経過について教えてください．

須藤　退院したのは……家族の了解がないと退院できないんです．で，以前は許可だけ家族にもらって自分でアパートを借りて退院したりしてたんだけど，結局また入院してしまったんです．家族があまり協力的じゃなかったんです．それで親も退院を許可してくれなくて13年も経ってしまったんです．

退院できたのは，ケースワーカーが家族を説得してくれたからなんです．こういう施設で，今度援護寮ができるか

ら，ということで……親もそれだったら，ということでやっと許可してくれました．

でも，その時は施設といってもよくわからなかったし，病院と似たようなものかな，と思ってました．最初はあまり気が進まなかったんです．長期入院だから病院の外が怖かったというのもありましたね．

でも，援護寮ができる前にケースワーカーと見学に来て，イメージががらっと変わりましたね．やどかりの里では仲間が話しかけてくれたんです．それがきっかけでリラックスできたんですよ．

やどかりの里の職員だといってアパートに

司会　そこで出会ったメンバーはみんな自宅から通っていたんですか．

須藤　いや，援護寮に泊まっていた人たちです．

それで退院が決まって，児玉照彰さん（現イサオクリニック）とケースワーカーと俺の3人でアパートを探しに行きました．やどかりの里の援護寮は日曜日，月曜日と閉館日なんですね．だから援護寮だけだと行く所がなくなってしまう．それで最初からアパートを借りておく必要があったんです．

司会　引っ越しの費用はどこから出たんでしょうか

須藤　病院にいたころから生活保護を受けていたんです．それで何か所かアパートを見て，最初は菅原さんのいたア

パートを借りるはずだったんだけど，そこがいっぱいでしたので，それで今の所に決まったんです．

　その時はやどかりの里のスタッフだと説明してアパートを借りたんですね．でも，当時は薬が強くて，目も虚ろだったし，ぼうっとしていたんで，なんか変だな，と不動産屋も大家さんも思ったとは思うんですけどね．

　それで，最初のうちは援護寮が開いている日は援護寮に泊まって，援護寮が休みの日はアパートに泊まるわけです．結局，援護寮には7か月いました．最初から普通にアパートで過ごすことはできませんでした．長期入院の弊害ですね．

　昔の援護寮は各自で食事を作っていたんですよ．でも栄養失調になる人がいてね．それではということでみんなでいっしょに食べるようになった．研修に来た方といっしょに夕飯を食べたりもよくしました．

自分の心の偏見が自分を頑なに

　須藤　グループホームに入った時は，まだ俺，精神病院を出たばっかりだから，もっと目つきもきつくて，ぎょろぎょろしていて，がりがりに痩せてて，ふわふわしていたんです．アパートに移った時にはまだ品物はあんまりそろってなかったですね．それにグループホームに入ってすぐに冬がきたんですよ．すごく寒くて暖房がなかったから，寒くてしょうがなかったのを覚えています．たまたまグルー

プホームの下が八百屋をやってました．八百屋っていうの
は野菜くずとかごみがいっぱいたまるので，それを燃やし
て暖まってたんです．八百屋のおばさんとおじさんが，俺
が歩いてるのをじろじろ見て，何か言ってたんです．俺は
自分自身の心に偏見を持っちゃってましたから，俺が精神
病だから変なふうに見られてるんじゃないかなとか，態度
がおかしいと言ってんのかなとか，そんなふうにすごく心
の中で思っていて落ち着かなかったです．でも，ある時，
風邪をひいて寝込んじゃったんです．それで，野菜くずや
段ボールを燃やしてたのが燃やせないでいたら，ある時俺
のアパートをとんとんとノックする人がいたんです．出て
みたら八百屋のおばさんがいて，
　「どうしたんですか」
と聞いてくれたんです．
　「風邪ひいて寝てるんです」
と言ったら，
　「あっ，そうですか」
と一旦帰ってからまた来て，風邪薬と，食事を持ってきて
くれたんです．それから，すごく俺は自分の心に偏見を持っ
ちゃっていたけど，それほど相手は思ってなかったんだな
あということがわかりました．それからだんだんと地域の
人とも話せるようになりました．

グループホームの会話には未来がある

　司会　須藤さんは兄貴分的存在で，結構皆に慕われていますよね．ところで，須藤さんのアパートはその後グループホームになっていきます．後から後からメンバーが入居してきて，やどかりの里は仲間を大事にしていますから，グループホームになっていくんですが，その辺のいきさつを話してください．

　須藤　だんだんと仲間が５，６人集まってくると，「のど渇いたなあ」とかということになります．病院の仲間づくりと違って，やどかりの仲間づくりは，皆，娑婆に出ているから，いろんなことが話せるんですね．そこで，仲間が集まってお茶飲もうということになると，みんなでお金を出し合って，買って来て飲むんです．そういう時に，例えば，仲間が話していて急にあくびをして，ふわふわしてきて，落ち着かなくなると，俺たち，当事者仲間だからわかるということがあるんです．そして，

　「枕とか毛布とかを出して横になって寝て楽になんなよ」……そんな思いやりがあるんですね．やっぱり病気の当事者だからその苦しみがわかる，理解し合える，ということもあるんです．

　それに比べて，病院での仲間づくりは，たばこ１本もらったから仲良くしようとか，せんべい１枚もらったからとか，何かを貸してくれたから仲良くしようというように，物だ

けのやりとりになってしまいがちです．また，病院で話す
ことは昔のことで，昔は良かった，こんなことが良かった
……，未来のことなんか話しません．長いトンネルの中に
いるようで，先が見えないから，昔のことばっかり話して
るんです．話す内容が全然違う．やどかりの仲間はある程
度先が見えるから，先のことを話します．俺はこんなふう
になりたいとか，俺はこんな活動がしたいとか，いろんな
人が未来や夢を話します．

くり返し体験することで自信がつく

　司会　よく生活の知恵とか，暮らしの知恵ということを
須藤さんは言われますが，そういう知恵のやりとりを，須
藤さんのうちに集まってお茶を飲んでいる間にしています
よね．

　須藤　俺は援護寮に７か月ぐらいいて，それからアパー
トに移ったんですけど，援護寮で俺がいろんなことをメン
バーから教わったことを，グループホームになってから新
しく入ってくるメンバーに教えたんです．例えば，キャッ
シュカードの使い方がわかんない，もろもろの使い方がわ
からないのをメンバーから教わって体験したことを，次の
メンバーに教えているんです．俺たちは薬を飲んでるハン
ディがあって，物覚えが悪いところがあって，キャッシュ
カードの使い方を覚えるのもすぐ覚えられないんです．何
回も何回もやって，そのあとメモをして，それで３回か４

回銀行に行ってやって始めて覚えるんですね．そんな感じですから，やっぱり辛抱強く長い目で見てくんないと俺たちできないんです．例えば，バスの乗り方がわかんない．俺のグループホームには，昔，援護寮から来たメンバーがいるんですけど，最初は援護寮に入っていたから，援護寮の近くのバス停から大宮駅までは行くことができるんです．でも，東新井グループホームの最寄のバス停から大宮駅へ行くってことができないんです．だから，やどかりの里の近くの「与野道」というバス停まで歩いて行って，そこからバスに乗って大宮まで行くということをしてたんです．だから，南中野からいっしょに乗るということをして，全部自分で体験して，自信をつけて覚えるように教えている感じです．

自由があることこそ病院と社会との決定的な違い

　司会　「与野道」というバス停は，やどかりの里の中川の本部がある所の最寄りのバス停で，援護寮に行く時には通い慣れた範囲なんです．ところが須藤さんのアパートは東新井にあって，中川とはずいぶん離れているんですが，わざわざ中川まで戻ってバスに乗って行ったわけですから，新しく場所が変わって，そこからバスに乗るということが，なかなか順応できない．そういうことは須藤さんにもありましたか．

　須藤　俺にも少しありました．バスに乗ってもどこへ行

くかわかんなくて，別な所へ行っちゃうような不安感があるんですね．実際に着いてみると自信がつくんですがね．俺は病院ではすごく不自由でした．俺の入っていた病院は，開放病棟でも全然表に出られなかった．例えば，日曜とか祭日，あるいは買物に行くとか，歯医者へ行くとか，映画を見に行くとかということができなくて，とても閉鎖的な病院だったんです．だから，まったく自由がなかったです．一方，グループホームに来るとすごく自由なんです．例えば，病院じゃお風呂に2回しか入れないけど，毎日お風呂に入れるとか，あるいはテレビを12時でも，1時でも見ていられるとか，コンビニへ行けば，午前1時でも2時でもカップラーメンが買えて，温かい物が食える．そんな感じで，すごく自由があってうれしいですね．社会に出るとすごく自由があって，いろんなことができる．ほんとうに俺

はうれしいです.

恐いやくざがかわいい女子学生に

　須藤　地域でだんだん慣れてくると，自信がついてきて，いろいろな関わりができるようになるんですが，被害的になって自信がなかったら，かなり苦しかったかもわかんないですね. 例えば，アパートに来た当時，物音に俺たちは敏感なんです. それで，気になって，例えば，隣の人の足音が気になるとか，みしみしっとする音がして，なんか俺のこと監視してるんじゃないかとか，俺のこと見張ってんじゃないかとか，アパートの部屋で思ったことがあります. でも相手がどんな人かわからなかったゆえの妄想です. ある時，隣の人は，やくざみたいにおっかない人かなと思っていたんですけど，ばったりでくわしたら，かわいい女子学生だったんです. とたんに妄想の世界から抜け出したという体験をしました.

　後は，八百屋のおばさんとのつき合いが徐々に自信をつけてくれたりね……そういったことがあって，だんだんと周りの人に対する恐怖心が解けていったんです.

　病院だとね，もうなんでもかでも頭から押さえつけられちゃう. そのほうがいいというメンバーもいるにはいるんだけど……でも，病院は病気を治すだけではなくて，病気を誘発させる場所でもあると思いますね.

自立する自信がついて援護寮を出た

司会 被害的になっていたのは，病気のせいだけではなくて，病院に長くかかっていた弊害でもあるわけですね．それで，援護寮を出たのはスタッフに言われて，それとも自分で決めたのですか．

須藤 スタッフは特に何にも言ってくれなかったですね．入院が長いと，みんなが当たり前だと思っていることができないんですね．バスに乗るのも不安だったり，いつの間にか電車に乗るのに自動改札になっていたりとかね．そういうことは実際にメンバーがいっしょについて来てくれて，その場で教えてくれました．その経験があったから俺も後から来たメンバーにはつき添っていろいろ教えるようにしているんですけどね．

でもまあ，スタッフに頼っていた部分も結構大きいです．NTTの工事のことなどはスタッフに助けてもらいました．そんな経験をしながら，自信がついたところで自分で利用を止めました．その時にはカレーや鍋とか簡単な料理は作れるようになっていましたね．

最初はグループホームにするという発想はなかったんです．でも，退院してきて同じアパートに住むようになったメンバーとかいて，自然とグループホームになってきたという感じです．

それで，もう被害妄想とかからはだいぶ開放されていた

ので，後から入ってきた人にカードの使い方などを教えて
あげたりしています．

仲間づくりの基礎を学んだ

　司会　須藤さんはグループホームリーダーになられてい
ますね．
　須藤　俺たちのグループホームは，だいたい年齢が50代
前半の人が多いんで，あんまりルールというのは作ってな
いです．例えば，2階のメンバーの靴の音がうるさいと，
下のメンバーが，
　「ちょっとうるさいから静かに歩いてくれ」
と言うと，ちゃんと静かに歩いてくれて，あんまり住民と
のトラブルはないですね．俺たちのグループホームには6
人メンバーが住んでいて，あとは一般住民なんですけど，
あんまり住民とのトラブルはないですね．
　司会　援護寮以外のやどかりの里の利用の仕方を教えて
ください．
　須藤　最初の頃は，昼間は爽風会（やどかりの里の初期
の仲間づくりを目指したグループ．やどかりブックレット
5参照）に参加していました．午前はミーティング，午後
はスポーツが多かったです．
　俺らメンバーの感想をスタッフが返してくれるのがとて
も楽しみだった．
　そのころは，新しいメンバーは必ず爽風会に入るのが儀

式のようなものでした．だから入りたいと思って入ったという記憶はないんです．でも，爽風会で月に１回やどかりの里の中で月例合宿というのがあって，みんなで雑魚寝したりね．定期合宿で秩父まで出かけていったりしていました．結構楽しかったですね．

　やどかりの里に来て，いちばん印象に残っているのは，合同旅行ですね．その時は群馬にあるサファリパークへ行きました．普段あまり接する機会のないメンバーと話ができるのがよかったですね．

　合同旅行と爽風会はぜひ復活してほしい行事ですよね．泊まり合う中で，仲間同士の支え合いやスタッフとの信頼関係など，絆が生まれてくると思うんです．

納得するまで話し合う

　須藤　やどかりの里でいいなと思ったところは，絶対に多数決で決めないことなんですね．みんなが納得するまで話し合うんですよ．さっきも言ったけれど，１日の出来事を書いてスタッフに渡すと，それに感想を書いて返してくれるんですよ．それがすごく楽しかった……

　そんな形で，最初は爽風会に参加して，その後しばらくしてあゆみ舎へ通うようになりました．でも，全然お金にならなくてね……（笑）

　司会　退院後，病院は変わっていますか．

　須藤　病院は，入院していたころの主治医がクリニック

を開業しているので，そこに通っています．だから，場所は変わったけれど主治医はずっといっしょです．

　司会　１日の過ごし方を教えてください

　須藤　今は，週３回あゆみ舎の清掃部門で働いて，その他は研修センターで仕事をしたり，茶の間に通っています．

　だいたい10時から11時には寝て朝７時ごろには起き出します．目が醒めるのは６時半ごろです．状態が悪くて薬が多い時は１日寝っぱなしになってしまうこともあります．

みんなで朝食を食べ合う

　須藤　今は家で朝食を作って，実費でみんなで食事をとっています．いつもうどんを作るんですけど，揚げをのせたりワカメをのせたりして工夫しています．それに食後はコーヒーを出します．

　家へはいろいろなメンバーがよく遊びに来ます．特にやどかりの里がしまっている日曜，月曜に来ることが多いです．家は６畳１間なんだけど，多い時には７，８人になることもあります．何気ない会話をしたりするんだけど，メンバー同士で顔を合わせることがお互いの安定につながっているんです．

　それは，自分も苦しかった時にメンバーに支えてもらう経験をしたからだと思うんですね．余裕がある時は周りのメンバーのことも考えられるようになりました．

　疲れてきたら，疲れたよ，って言えるし，そうすると気

づいたメンバーが枕を出したりして，横になったりするメンバーもいます．お茶を手土産に持ってきてくれたりとかじょうずにつき合っています．だから，あまりトラブルはないです．

　一時期みんなでマージャンもやっていたんだけど，いつも負けてて……時々は手を抜いてくれたりするんだけど，でも悔しくてやめてしまいました．（笑）

できるだけ自分たちで支え合う

　須藤　病院では病院なりの仲間づくりの仕方があるんですね．でも，過去のことばかりで未来の話がない．病院の中で病院側がやるべき仕事をやらされたりもしましたね．外勤に出て行くこともあったけれど，それも半分は病院にピン撥ねされていました．

　そんな環境の中では未来はあまり想像できなかったんですよね．でも今は自由だし，未来を想像することが楽しいです．

　やどかりの里のグループホームは一般の人もいるからいいんですよ．そのほうがより社会にいると感じる．長くいっしょに暮らしている中で理解してくれるというのもあると

思うし……まあ，あんまり強い偏見を持った人は困るけど
ね.

　今はこの生活にとても満足していますね. 状態がいい時
にはスタッフに頼るのではなく，自分たちで支え合う. ス
タッフに入ってもらってばかりいると，なんとなく自分た
ちにとって窮屈な場所になってしまわないかな，って思い
もありますしね.

質疑応答

生活費は障害年金プラス生活保護で

質問　私の息子が病気なんですけれども，皆さんのお話を伺っていて，息子もこんなふうにもなれるのだなと，親としての目標をいただけて，たいへん感動して，興奮して，聞かせていただきました．それで，1つだけ，経済的な部分に関して，どんなふうになさっているか，おたずねしたいんですけれども……．

吉江　私は障害年金2級なので，障害年金2級と生活保護でやっています．自分なりに食事代とか，おこづかい，薬代，その他もろもろの分を，それぞれ1か月分の封筒を作って，その中に入れてやっているんですけど，赤字はありません．反対に少々残ります．私はたばこも吸わないし，お酒も飲まないので，その分だけ少し余裕があります．たまには「まごころ」のお弁当も取りますけど，簡単な料理ぐらいできますので，自分なりにやっていますが，楽しいです．

その残った分を貯めて，コンサートに行ったり，私の好きな将棋の谷川9段の対局を見に行ったり，CDを買ったり，大好きなブラックコーヒーを飲みながら本を読んだり，そういう余裕も出てきました．始めのうちはかつかつでしたけど，自分なりに工夫をしながらやっています．

食事は近くにスーパーマーケットがありますので，そこでだいたい2日分のおかずを買います．朝は納豆とか卵と

か佃煮，お昼は麺類，夜は簡単にお魚を焼いたり，じゃが芋とかにんじんを煮たりしています．毎日ではありませんけど，疲れますとお弁当を買ったり，惣菜がある時は暖かいご飯を炊いて，お味噌汁はインスタントのお味噌汁を買ったりします．1日千円ということで決めていますので，1か月の食事代は3万と決めてます．その中にはおかずと，調味料と，お米代も含んでいます．

　少し余った時はたまには外食して，お寿司を食べたり，ヒレかつ定食などを食べたりします．1月1回ぐらいですが，何とか楽しみはできています．

　菅原　私も障害年金3級と生活保護，妻が障害年金3級で，2人合わせて14万ぐらい，それに，市役所からいただいているお金が2万2，3千円です．それと，作業所で働いているので，その収入が加わります．それに生活保護世帯は医療費はただになります．生活保護を受けるということに引け目を感じる人もいるそうですが，ワーカーの方が，「あなた方の権利ですよ」と言ってくれたことがあります．

　須藤　やどかりの里のメンバーはだいたい障害年金プラス生活保護，あと，作業所とか，授産施設，あるいは福祉工場でもらうお金でやっている人が多いです．

　俺の生活費は障害年金プラス生活保護で成り立ってます．生活にかかる費用は，冬場はガス，石油代があるので8万3千円前後，夏の4月から10月まではだいたい8万前後，その他に家賃が俺んとこは2万8千円ですから，だいたい10万8千円ぐらいです．

中にはパチンコをやる人とか，ソープランドに行って，かなり苦しくなる人もいますけど，そんなギャンブルなんかやらなければ，何とか8万前後で暮せるんじゃないかと思います。

ただ，俺の場合は「まごころ」で火，水，金，土の4日，夕食を500円で取ってます。自分で食事を作ると，よけい銭がかかってむだになっちゃうんです。朝はメンバー2，3人が集まって，たぬきうどんとか，きつねうどんとかを作っています。それに最近コーヒー好きになって，ドトールの豆を買ってきて挽いて飲んでいます。

連帯的自立の精神でルールづくり

司会　一般にグループホームは，1戸建の家で共同生活をするという形が多いんですが，やどかりの里ではそれぞれ自分のアパート，個室を持ったグループホームの形をとっていますよね。

吉江　私は天沼第2グループホームの「メイプル」という所にいます。長くいますといろいろ馴れ合いができて，私は普通は11時か12時ごろ寝るのに，ドアを叩かれて起こされたり，正直言って，何回言ってもわからない人もいます。でも，それはそれなりにグループホームだから，いいなと思うところもあります。開放病棟じゃなくて，菅原さんが言った連帯的自立で，ルールを作って，朝はあまり早く訪問しない，夜は8時以降は訪問しないというルールを

作りました．あとは，電話もない人もいますから，私用じゃなくて，急用とか，風邪をひいて休む，スタッフに連絡する場合は貸すというように，馴れ合いになるのを避けるために簡単なルールは作っております．親しき中にも礼儀ありです．

大宮でグループホームに入るには

質問 私は，今，精神保健センターで働いている者です．どうしたらグループホームに入ることができるのか教えて下さい．

司会 どこにグループホームを探してるんですか．

質問 大宮付近です．

司会 やどかりの里のグループホームは大宮市（現さいたま市）にはたくさんあるので，もし，やどかりの里のグループホームに入りたいということであれば，やどかりの里の生活支援センターがありますから，そこにまず相談して下さい．

質問 どこにあるんですか．

司会 大宮東部といって南中野の辺りに1つと，大宮中部といって天沼町の辺りに1つあります．天沼のサンマルシェというスーパーの近くなんです．そこの生活支援センターに電話をかけてアポイントメントをとって，相談をし，やどかりの里を利用したい，将来はグループホームを利用したいんだという目的があると伝えるところから始まりま

す．

質問　やどかりの里というのはどういう形になってるんですか．

司会　やどかりの里は30年前にできた，主に精神分裂病（統合失調症）の人を中心とした，地域での精神障害者の人たちの生活支援をしていこうという社団法人の団体です．この体験発表会場でもあるやどかり情報館という福祉工場もやどかりの里が運営しています．天沼第1グループホームや東新井の第1グループホームなど，やどかりの里にはグループホームだけで10以上あります．ですから，先行きそういうことがあれば，やどかりの里の生活支援を利用しながらということも考えられると思います．

質問　どうも有難うございました．

結婚してからは1度も入院していない

質問　今年29歳になる息子が同じ病気でおります．聞かせていただきまして，有難うございます．菅原さんはご結婚してらっしゃるようですけれど，どういう出会いで，ご結婚まで至られたのか，お話いただければ有難いと思います．

菅原　昔，やどかりの里に爽風会というデイケアグループがあったんですね．そこで，月に2回ぐらい会ってました．妻の旧姓は稲垣といいまして，みんなが，
　　「いなちゃんはいい子だ，いい子だ」

って言ってました．それで，上野の不忍の池に連れて行きまして，

「おふくろに会ってくれないか」

ってプロポーズしたんです．その時，私のボートの漕ぎ方がへたで，あちこちがちがちぶつかるもんですから，命のほうが大事だと言われて，プロポーズは実らなかったんです．6年目にして，

「ウエディングドレスを着たい」

って私に言ったんで，これは逆プロポーズがきたと思いました．そこで，谷中理事長（現会長）に，

「男のけじめをつけたい」

と言ったんです．そうしたら6月の7日が大安だったんですが，日曜日はやどかりの里が休みで人が集まらないだろうからというので，6月6日の6時から，仏滅でしたけど結婚式を上げました．54名もの出席者があったんです．妻は結婚願望症で，5年ごとにだれかが結婚するたびに，定期的に再入院していたんですが，私の愛の力で妻は入院せずに，15年目になります．彼女も，

「あなたがいたから入院しなくなった」

と言っております．私も入院することなく12年目になろうとしています．

　始めは120％幸せでルンルン気分でしたが，変動相場制ってことになりましてね，100％になったり，20％になったりすることもあります．

　始めは私が妻をケアしているつもりだったんですが，妻

がなんでもやってくれるので，いつの間にか炊事や洗濯が自分ではできなくなってしまい，私のほうがケアされているところもあります．

　子供は作りません．やはり，薬も飲んでますし……，私が「茶の間のおばさん」の志村さんに，

　「クロバー社を辞めて子づくりに専念したい」

って言ったら，

　「あんたには無理よ」

と言われてあきらめました．晩婚でしたので，しょうがなかったかなと思います．

　よろしければ，妻と私が出会うまでの人生が，やどかり出版のブックレット・2『2人の旅人がやどかりの里にたどりつくまでの軌跡』という本になっておりますので，ご覧いただければと思います．第2弾も出ますのでそちらもよろしくお願いいたします．

　須藤　俺も宣伝しときます．俺の本もあるんです．『共に担った危険な賭け　泣いて笑って5年間』という今から5年前の話ですけど，書いていますから，よかったら読んでください．俺がやどかりの里に来てからの体験を書いてるんです．

　司会　宣伝有難うございます．やどかり出版として大変助かります．

ほんとうに今いちばん輝いて見える

質問 僕は最後の須藤守夫さんの話しか聞けなかったんですけど，僕も小さい音とかが気になって，これはこういうことだからこういう音がするんだとかわからないと，自分で閉じこもりがちになっちゃった時があるんです．東京にいた時の体験がよく似てるなと思いました．以上です．有難うございます．

須藤 最近は情報館で講演などをしているうちに自信がついてきていろんなことができるようになったと思います．やっぱり自信がついたんですね，そういうことだと思います．

質問 今日は，とてもいい話を聞かせていただいて有難うございます．一昨年，吉江さんがお1人で発表なさったことがありますが，その時に比べて，

「今いちばん輝いていると思う」

とさっきおっしゃいましたが，年下の彼氏がいて，とってもそれってすごいことだなあと思います．ほんとうに2年前から比べると今，すごくきれいなんですよ．

菅原さんも，結婚なさって，やっぱり1人じゃなくって，2人でいたほうがより幸せだということが，顔つきが違って見えます．とてもうれしく思います．がんばってください．

自分の中にあった偏見ををを克服したら

司会 これはうれしいメッセージでした．今までグループホームだけの話をしてもらいましたが，地域の中にグループホームがあるわけです．そこで，皆さんがそれぞれグループホームに入ったばかりの時に，地域をどう意識したか，そして今，地域をどう捉えているのかということをそれぞれ話してもらえますか．

須藤 最初は結構俺たち自身も偏見を持っちゃったことありましたし，やっぱり地域の人たちも偏見を持ってましたね．だんだん偏見がなくなってきたのは，やっぱり，俺が八百屋のおばさんの関係で自信をつけて，地域の人に対して自信をつけていって，後から来たメンバーも俺にならっていったということがあったと思います．

やどかりの里はバザーをやってますが，結構，俺たちの地域にもビラをまくんです．俺たちのグループホームは病気の人が住んでいる，精神病者が住んでいるとわかっているんですね．それで，バザーでチラシをまくと，地域の人が大家さんの家へバザーの品物を運んでくれるんですね．バザーが近くなると大家さんの所に，あそこの病気の人が来たらこの品物渡してくださいって感じで，それを大家さんが俺たちに渡してくれる．だんだんやどかりの里と地域との触れ合いも確かに強くなっていると思います．

俺たちの場合，来た人たちになるべくあいさつするよう

にしてますね．俺が最初偏見持っちゃったから，そうじゃ
ないんだぞ，真心で話せば真心で通じるんだから，こっち
から話をすると意外とあいさつしてくれる．だからだんだ
んと地域の人となれてきた感じがします．

　俺たちのグループホームの一般住人の中に，土方のおっ
さんみたいな人がいたんですね．ある時仕事にあぶれちゃっ
て，前の公園で寝てたんです．俺たち仲間がそれを見て，
あの人仕事にあぶれちゃって，なんだかさみしそうにしてっ
から，ちょっとお茶飲みに呼んでみないかということになっ
て，声をかけたら来てくれて，いろいろ話してる間に打ち
解けて，いい仲間になったんです．

　その人もシンナー中毒の人と関わったことがあって，少
しはわかってたんですけど，俺たちと関わって，最初は病
気の人たちはおかしな人なんだ，何をするかわかんないと
か，あるいは，黙ってて急に怒り出す，というような思い
を持っていたそうなんですけど，だんだんと俺たちと会っ
てると，自分が思っていたような感じじゃなくて，ほんと
は優しい人たちなんだということに気がついてくれたんで
す．荷物を俺んとこに置いたまま，今はいなくなっちゃっ
たんですけど，そういう人がいました．家賃が払えなくなっ
て，出ていっちゃったんです．そんな感じで，触れ合いが
出てきた，だんだんと理解が出てきたという感じがします．
幼稚園に通園している子供たちとも「こんにちは」ってあ
いさつしています．

普通に生活していれば何とかなる

吉江 私の実家は大宮市（現さいたま市）の日進という住宅の中にあります．そして私は同じ大宮の天沼町のアパートに住んでいます．私は始めから偏見とか何も持たないで，普通に住んでればいいかなあと思っていました．周りは住宅街ですし，同じアパートには下4所帯，上4所帯あって，その人たちに会えばあいさつしています．

あんまり偏見は持ちませんでした．あいさつすればあいさつを返そうという感じだったんです．何も気にしないでこの6年間住んできました．これからも自分は病気だとかそういうふうに意識しないで，何とか普通の流れで地域の中で住んでいきたいなと思っています．

司会 最初にグループホームに入って一歩踏み出す時の気持はどうでしたか．

吉江 不安というのは，今まで住んでいた所と違う所だし，女性だし，アパートっていろんな人が来るから，例えば，押し売りとか，新聞の勧誘とか，それが恐かったんで，寂しいとかというのは意外となかったです．だから，意外とすんなり住んじゃいました．すぐグループホームのお友達もできたし，やどかりのメンバーとも仲良くできて，その行き来があったんで，女性だったら泊りに来たり，男性だったら須藤さんみたいに遊びに来たり，そういう関わりがありました．また，時間に余裕があると自分なりに時間

をうまく利用していましたので，あまり寂しいとかなかっ
たです．普通どおりに生活してれば何とか大丈夫だろうと
思って6年間過ごしちゃった．意外と何にもなかったです．

不動産屋とやどかりの里，やどかりの里とメンバーの
信頼関係

　塩原（やどかりの里）　グループホームのことがあるせい
か，やどかりの里と不動産屋さんの信頼関係は，すごい厚
いなと感じています．私が一昨年，グループホームから出
て，1人でアパートを借りようと思って，いろいろ不動産
屋さんを回ったことがありました．貸してくれる所がなく
て困っていました．
　たまたま私がいいかなと思った所がやどかりの里が関わっ
ている不動産屋さんでした．私はそのことを知らなくて電
話したら，
　「職場はどこですか」
って聞かれて，
　「やどかり情報館です」
って言ったら，
　「あ，やどかりさんなら知っている，それだったらいい
ですよ」
って，やどかりの里って言うだけで貸してくれたんです．
それだけやどかりの里と不動産屋さんの信頼があって，や
どかりの里とメンバーの信頼があって始めてできることで，

それが，やがてはメンバーと不動産屋さんとの信頼にもつながっていってるのではないかと思います．

　須藤　信頼関係って言えば，俺たちは几帳面で，例えば，障害年金が下りたり，生活保護が下りると，すぐ家賃を持って行くんです．その辺が評価されて，きちんきちんと家賃払ってくれるからっていうことがあると思います．

老朽化したらやどかりの里が何とかしてくれる

　黒岩（やどかり印刷）　グループホームの仲間の人とつき合いをしているっていうんですけど，現在でもしてるんでしょうか．また，将来もすることになるんでしょうか．

　須藤　それはその人，その人によって違うと思いますね．俺はこの人といつまでもつき合いたいと思えばつき合うし，グループホームの人だからつき合うとか，グループホームの人とはつき合わないということはないと思うんです．

　菅原　私は，徐々に建物が老朽化してきてるので，それで先々心配なんです．でも，やどかりの里が違う場所を提供してくれるとは思いますけど．

　そして，やはり人間関係ですが，ＡさんとＢさんだけだった関係が，Ｃさんが現われて，Ｄさんが現われて，ＡさんとＣさんの関係ができたりと複雑な交流ができてきます．

　須藤　グループホームで長くつき合っていくという問題ですけど，俺は他のグループのメンバーでもつき合いたいと思います．俺個人としては，自分のグループホームのメ

ンバーともつき合いたいし，他のグループホームのメンバー，菅原さんとも吉江さんともつき合いたいとは思っています．黒岩さんも今度来てください．

黒岩 あるメンバーがヘルニアの手術で退院したお祝いで，お好焼きパーティやカレーパーティをやったことがあるんですけど，最近はそういった交流がぜんぜんないんです．あいさつ程度になっちゃって，ちょっとさびしいなと思うんです．

須藤 それはね，だれかがやろうと言い出せば結構やるんじゃないですか．

黒岩 2回ぐらい言い出して，お好焼きパーティをやろうと思ったんですけど，中止になっちゃったんですよ．

須藤 そのグループホームによっても個性があって，いろんな関わりがあるから，グループホームによっても違うと思いますけどね．

黒岩 もう1ついいですか．自分もグループホームなんですけど，アパートが築20年以上経ってるんですよね．須藤さんの住んでるアパートは築何年ぐらいなんですか．

須藤 30年くらい経つと思うから，あと何年もつか不安なんですよね．

黒岩 その不安なんですけど，老朽化が進んだんで，引っ越してほしいとか，この先何年住めるとかっていう話は出てるんですか．

須藤 それは皆不安があると思います．黒岩さんだけじゃないと思います．俺も不安あるし他の人もあると思います．

でも，もし解約されるようならスタッフが別な所を借りてくれると思います．

　　黒岩　あ，そうなんですか．有難うございました．

ひとりぼっちをなくそう，ともに生きよう

　　司会　では，そろそろ時間がきましたので，お三方に，一言ずつ言ってもらって終わりにしたいと思います．須藤さんからお願いします．

　　須藤　今日は最初，緊張しちゃって……，時々こうなっちゃう時があるんです．ま，しょうがないです．でも後から盛り返してよかったです．（拍手）

　　吉江　私は２回目の体験発表なんですけど，初めはどきどきしました．２回目はずうずうしくなって落ち着いています．グループホームに入ってよかったことは，さっき発表したように，いろんな面でとても自信がついたことです．

　　もう１つは，いつかはほんとうに独り立ちして，一方でやどかりの里のお世話になりながら，民間のアパートに入りたいというのが夢です．ほんとうに有難うございました．（拍手）

　　菅原　私はある患者会の会長をやってるんですが「もぐらの会」という会の会長さんは，土地があるので，家を建てたいという話をするんですね．一方，こちらはおんぼろ荘，壊れ荘なのに，同じ会長でもずいぶん違うものです．

　　ポプリ（埼玉県精神障害者団体連合会）という団体があ

るんですが，これからいろんなイベントを考えて，ひとり
ぼっちをなくそう，ともに生きようってことで活動してい
ます．これからも私は埼玉県内でがんばっていこうと思っ
てます．今日はご静聴有難うございました．（拍手）

司会　もう１度発表した３名に拍手をお願いします．
（拍手）ではこれから，大正琴の演奏がありますので，そ
のままいてください．やどかり出版から星野さんアナウン
スをお願いします．

星野　先程も出ましたが，発表いただいた菅原さんの本
があります．これは，結婚に至る過程が詳細に書いてあり
ますので，結婚したい方はぜひ読んでください．

　それから，これは司会をなさった香野さんの「マイベス
トフレンド」という本で，香野さんの若い時から今までの
過程が書いてあります．

　それから先程，須藤さんが宣伝してくださった『共に担っ
た危険な賭け』には，須藤さんのことが書いてあります．
他にもいろいろ本がありますので，皆さん手にとってご覧
になって，よろしかったらお買い求め下さい．よろしくお
願いします．

おわりに

　精神障害者の体験を，体験発表会として始めたのは5年前のことである．「私たちの人生って何，精神障害者からのメッセージ」と題して，第1回を行ってから20回以上になる．精神障害の体験をマイナスの体験としてではなく，体験を通して見えてきたプラスの価値があることを伝えて行くことが，このイベントの最も大事にしているところである．私も司会の役割を通して発表者が，その人らしく活き活きと参加者の前で語ることの意義を実感している．

　本書に収録された3人は，三者三様それぞれ違った人生を送ってきている．しかし，それぞれの話を聞くと，根底に流れるものは同じで，辛い苦しい体験に屈することなく，自分の人生に前向きに取り組んでいく姿勢が共通している．
　発表を聞いた方々からは「大変な人生だったんですね，私には想像もつかない」「そんな体験をして今の皆さんが

あるというのはすごいことだ」などの感想が聞かれる．体
験発表会で私たちが本当に伝えたいこと，それは発表され
た想像を絶する体験が，もしかしたら，あなた自身にも訪
れるかもしれないということである．またそうなったとし
ても，そこから這い上がる力は，特別な人だけが持ち合わ
せているのではなく，だれもが内包している人間としての
力なのだ，ということである．

　最近では，話の内容が深刻である，「重い」ということ
で敬遠するむきもあるが，重い体験の中にこそ人間らしさ
と体験と物事の本質を摑む上で大切なヒントが隠されてい
ると思う．もしかしたら，だれもがわかっていると思って
いる当たり前のことを，著者たちはくり返して「大事だよ」
と言っているように思う．

　本書を手にすることによって，読者の皆さんも「私の人
生って何」と問い直すいい機会になるのではないか．多く
の方々に本書が，勇気と生きる力を生み出す助けになるよ
うにと心より願っている次第である．

　2002年 8 月
　　　　　　　やどかり出版文化事業部　香野英勇

やどかりブックレット・障害者からのメッセージ
やどかりブックレット編集委員会　編

1　精神障害者にとって働くとは　　星野 文男　大村 祐二　香野 英勇 著
1998年12月　A5判76頁　定価840円（うち消費税等40円）　ISBN4-946498-36-2

2　過去があるから今がある，今があるから未来がある・1
2人の旅人がやどかりの里にたどり着くまでの軌跡　菅原 和子　菅原 進 著
1999年4月　A5判116頁　定価1,050円（うち消費税等50円）ISBN4-946498-38-9

3　第1回障害者体験発表会　**自然体の自分を見つめて**　町田 圭子　傳田 ひろみ 他 著
1999年8月　A5判116頁　定価945円（うち消費税等45円）　ISBN4-946498-39-7

4　僕のこころに聞いてみる・1　**マイ ベスト フレンド**　第2版　　香野 英勇 著
2003年11月　A5判104頁　定価945円（うち消費税等45円）　ISBN4-946498-66-4

5　やどかりの里におけるグループ活動　**爽風会**　　語り手　久津間康志　香野 英勇 他
2000年4月　A5判118頁　定価1,050円（うち消費税等50円）　ISBN4-946498-44-3

6　精神障害者がいきいきと働く　　星野 文男　香野 英勇　大村 祐二　宗野 政美 著
2000年10月　A5判96頁　定価840円（うち消費税等40円）　ISBN4-946498-49-4

7　地域で私たちが生きるために　　練馬区共同作業所連絡会学習会実行委員会 著
2002年1月 A5判104頁 定価945円（うち消費税等45円）ISBN4-946498-54-0

8　精神障害者　新たな旅立ち　語り手　辰村 泰治　吉江まさみ　塩原 妙子
2002年6月　A5判126頁　定価1,050円（うち消費税等50円）　ISBN4-946498-57-5

9　グループホーム　豊かな暮らし　第2版　　辰村 泰治　吉江まさみ　他 著
2007年9月　A5判90頁　定価840円（うち消費税等40円）　ISBN978-4-946498-96-1

10　過去があるから今がある，今があるから未来がある・2　**結婚　和子と進のラブストーリー**
菅原 和子　菅原 進　著　2003年2月　A5判116頁　定価1,050円（うち消費税等50円）ISBN4-946498-62-1

11　香野英勇Q&A・1　**あなたと私の響き合い**　　香野 英勇　著
2004年7月　A5判98頁　定価945円（うち消費税等45円）　ISBN4-946498-70-2

12　私らしく生きる　　傳田ひろみ　辰村 泰治　五十嵐 良　大嶋 仁　著
2004年8月　A5判76頁　定価840円（うち消費税等40円）　ISBN4-946498-72-9

13　伝えたいこの気持ち，この願い　**講師登録者学習会の歩み**
2005年6月　A5判112頁　定価1,050円（うち消費税等50円）　ISBN4-946498-78-8

14　精神障害者が働き続けるには　　大橋千恵子　秋吉 秀敏　三浦紀代子 著
2006年2月　A5判108頁　定価1,050円（うち消費税等50円）　ISBN4-946498-83-4

15　風の吹くままに　統合失調症からの回復過程　　星野 文男　著
2006年10月　A5判102頁　定価945円（うち消費税等45円）　ISBN4-946498-90-7

16　70歳を目前にして今，新たな一歩を　　堀 澄清　著
2007年3月　A5判98頁　定価945円（うち消費税等45円）　ISBN978-4-946498-92-3

（本書は2001年3月30日に行われた第18回体
験発表会「今，輝いている私たちの暮らし
　グループホームの生活から見えてきたもの」
を基に，著者らとやどかりブックレット編集
委員会が作成したものである）

やどかりブックレット・障害者からのメッセージ・9

グループホーム　豊かな暮らし
第2版

2002年10月1日発行
2007年9月15日第2版発行
編者　　やどかりブックレット編集委員会
著者　　辰村　泰治・吉江まさみ・菅原　進・須藤　守夫
発行所　やどかり出版　代表　増田　一世
　　　　〒337－0026　さいたま市見沼区染谷1177－4
　　　　TEL 048－680－1891　FAX 048－680－1894
　　　　E－Mail　johokan@yadokarinosato.org
　　　　http://www.yadokarinosato.org
印刷所　やどかり印刷

ISBN 978-4-946498-96-1